Con gusto B1

Lösungen zum Lehr- und Arbeitsbuch

von
Pilar Pérez Cañizares
Bibiana Wiener

Ernst Klett Sprachen
Stuttgart

1. Auflage 1 7 6 5 | 2019 18 17

Internetadresse: www.klett-sprachen.de

Autoren Dr. Pilar Pérez Cañizares, Bibiana Wiener

Redaktion Beate Strauß
Gestaltung und Satz Marion Köster, Stuttgart
Umschlaggestaltung Koma Amok, Stuttgart; Friedemann Bröckel
Umschlagfoto Getty Images, München: Gianni Ferrari
Druck und Bindung GraphyCems, Villatuerta (Navarra)
Printed in Spain

ISBN 978-3-12-515012-6

9 783125 150126

Lektionsteil

1 Sigo aprendiendo

4 b.

chinos:
motivos: Encontrar un mejor trabajo.
comportamiento: Son muy educados y muy respetuosos, no son muy activos.
forma de aprender: Tienen miedo de cometer errores, prefieren hacer traducciones y dictados, repetir y memorizar estructuras gramaticales y vocabulario.

alemanes:
motivos: Es una de las lenguas más importantes del mundo, se interesan por las culturas hispanohablantes, tienen contacto con España y Latinoamérica por motivos familiares o profesionales o quieren ir de vacaciones a un país hispanohablante.
comportamiento: Les gusta hablar desde el principio, son muy activos.
forma de aprender: Hacen muchas preguntas y quieren explicaciones gramaticales detalladas, algunos memorizan listas de verbos, palabras y reglas gramaticales.

5 a.

Lösungsvorschlag:

	ventajas	desventajas
1.	contacto directo	caro
2.	práctico, barato	no hay contacto directo
3.	independiente	poca comunicación
4.	contacto directo	difícil de conseguir
5.	personal, intensivo	caro
6.	independiente y controlado	poca comunicación

6 a.

1. italiano, 2. bailar salsa, 3. dibujar

b.

1. Los idiomas me resultan fáciles.
   Puedo entender casi todo.
   Me hago un lío con la ortografía.
2. Me da vergüenza bailar en público.
   Me cuesta un poco aprender los pasos.
3. Soy bastante bueno dibujando.
   Soy capaz de dibujar personas.
   Tengo problemas con la perspectiva.

7 c.

1. lleva trabajando
2. sigue teniendo
3. ha vuelto a ponerse en contacto
4. acaba de abrir
5. no ha dejado de trabajar

8 a.

Lösungsvorschlag:

1. Empieza a escribir.
2. Está escribiendo.
3. Sigue escribiendo.
4. Deja de escribir.
5. Vuelve a escribir.
6. Lleva un año escribiendo.
7. Acaba de publicar el libro.

b.

Beginn, Ende, Wiederholung:
anfangen, etwas zu tun
aufhören, etwas zu tun
etwas wieder tun
gerade etwas getan haben

Verlauf, Fortdauer:
gerade etwas tun
etwas weiterhin tun
etwas weiterhin nicht tun
etwas seit drei Jahren tun

11 a.

Pilar:
motivos para irse: Quería conocer la cultura alemana.
aspectos biográficos: En Perú terminó sus estudios de traducción e interpretación con alemán, después se fue a Alemania como "au pair" y conoció a su futuro marido.
qué le llama la atención: El cliché del tercer mundo, tomar el café y el té sin azúcar, no sacar la mano para que el metro pare, la precisión con la que se trabaja, el orden, la escuela de perros.

Valeria:
motivos para irse: Motivos políticos.
aspectos biográficos: Salió de Argentina en la época de la dictadura militar. Primero vivió unos años en Suiza, se casó, se divorció, después estuvo trabajando un tiempo en Holanda y después se fue a vivir a Málaga.
qué le llama la atención: Sus amigos austríacos siempre preguntan por la altura del lugar donde están. La gente que viene del norte lleva ropa deportiva y a veces los hombres llevan pantalones cortos y sandalias con calcetines.

Amor imposible
la época actual, una joven escritora, asistente, un hijo, la historia de la familia

Con sabor
café cortado: café solo con un poco de leche, se sirve en un vaso pequeño
café con leche: café y leche a partes iguales
café americano: café solo al que se le añade más agua
carajillo: con brandy
café vienés: con nata
café irlandés: con whisky y nata
café bombón: con leche condensada

2 ¡Buen viaje!

2 a.
Es un programa para jóvenes de 16 o 17 años. En una expedición de seis semanas, los participantes tienen la oportunidad de descubrir aspectos humanos, geográficos e históricos de otras culturas y de desarrollar un espíritu de cooperación internacional, de entrar en contacto con proyectos de "Cooperación al Desarrollo" y reflexionar sobre la historia y los problemas de nuestro tiempo.

3 a.
ropa: llevar ropa de algodón y pantalones largos, botas no muy nuevas
salud: llevar un botiquín con tiritas, yodo y pastillas para la diarrea
alimentación: llevar pastillas para potabilizar el agua
comportamiento: respetar a otros pueblos, culturas y religiones y participar en celebraciones y actividades culturales

b.
neceser: jabón, peine, protector solar, cepillo y pasta de dientes, toalla, enchufe adaptable
ropa: ropa de algodón y pantalones largos, botas no muy nuevas
botiquín: tiritas, yodo y pastillas para la diarrea
otras cosas: bolsas de plástico, pastillas para potabilizar el agua, no mucho dinero

d.
Es importante… Respeta…
Es aconsejable… No lleves…

No te olvides de…
No bebas…
Aprovecha…
Llévate…
Considera…

5 a. und b.

Teresa:
No tengo ganas de que me controléis todo el tiempo.
No me apetece dormir en una habitación con mucha gente.
Necesito que me compres algunas cosas para el viaje.

madre:
No me gusta que estés tanto tiempo fuera de casa.
Espero que me llames todos los días.
Te pido que nos escribas una vez a la semana.
Prefiero que duermas con otras chicas.
No quiero que duermas sola.
Quiero que disfrutes mucho de esta experiencia.

c.
verbos en **-ar** → **e**
verbos en **-er** / **-ir** → **a**

estés – estar, llames – llamar, controléis – controlar, escribas – escribir, duermas – dormir, compres – comprar, disfrutes – disfrutar

d.
No tengo ganas de que
Te pido que
No quiero que
Necesito que
Quiero que

llames, escribas, estés

6 a.
que cierres, levantes, abras, me prestes, abras, pongas, escribas

7 b.
Prefiero que la agencia de viaje lo organice todo.
Es importante que en el país se hable mi lengua.
Tengo miedo de ponerme enfermo/-a.
Es lógico que la gente prefiera lo conocido.
Es mejor abrir nuevos horizontes.

c.
abrir, hable

Ist das Subjekt in beiden Satzteilen gleich, verwendet man den **Infinitiv**.
Ist das Subjekt verschieden, steht im zweiten Teil der **Subjuntivo**.

10 a.
1. estación de autobuses
2. aeropuerto
3. playa

b.
1. Le han robado el bolso.
2. Se ha cancelado el vuelo.
3. Le ha picado una medusa.

11 a.
Lösungsvorschlag:
1. Unos viajeros llevan mucho tiempo esperando la salida del tren o avión y una mujer habla con el empleado en el aeropuerto o la estación de trenes.
2. Una pareja de viajeros está esperando su maleta en el aeropuerto.
3. Una pareja en el aeropuerto está buscando los billetes de avión.
4. Dos personas se están quejando en la recepción del hotel.

b.
No me parece normal que…
No puede ser que…
Es increíble que…

c.
Los billetes son caros (a precio de oro).
Hay overbooking y no sale el avión.
No funciona la ducha, la tele, la puerta, el grifo, la calefacción.

Hay nieve y un huracán y lleva sandalias en la visita a un glaciar.
Tiene una insolación.

12
Lösungsvorschlag:
Estimados señores:
Estoy haciendo un viaje organizado por su agencia y tengo un par de problemas.
No puede ser que haya más de 40 personas en el grupo, que el autobús esté sucio y que el guía no hable nuestro idioma.
Además es increíble que los monumentos estén cerrados a la hora de la visita, que los hoteles no sean de la categoría prometida y que las comidas no estén incluidas.
Esperando que puedan solucionar pronto estos problemas, les saluda atentamente,
...

Amor imposible
Marta habla de problemas porque le parece que a Amalia le gusta Sergio, el hijo del jefe, que escribe música en secreto.

3 Maneras de vivir

2 c.
granja:
+ en plena naturaleza, vivir tranquilo, sin prisas
- menos oferta cultural

faro:
+ mantenerse en forma con tantas escaleras, no hay ruidos ni vecinos ni presión, se ven el mar y la costa sin casas
- no hay hospitales cerca

ático:
+ vistas fantásticas, cerca del centro, como un mirador en la ciudad, ir al trabajo a pie
- pequeño, ascensor estropeado

adosado:
+ suficiente espacio dentro y fuera, jardín
- pocos servicios públicos, se necesita el coche

3 a.
Madrid: Vivió 15 años en Madrid, estaba soltero y trabajaba de periodista.
los motivos del cambio: Tuvo hijos y el centro de Madrid no es el mejor lugar para los niños.
las ventajas: La belleza de la zona, que reúne montaña y mar, ríos y playas, buenas comunicaciones y una excelente gastronomía; el espacio y la tranquilidad, mejor calidad de vida.
los clientes del hotel: Buscan un hotel en el campo, una naturaleza auténtica. La falta de televisor permite a algunos clientes comunicarse mejor entre ellos.

b. und c.
1. ¿Cómo era **tu** vida en Madrid?
2. ¿Por qué **elegiste** Galicia?
3. ¿Qué **te** llamó la atención (de la casa)?
4. ¿**Podrías** imaginar**te** volver a Madrid?

d.
Luis dice que a él también le encantaría vivir allí, pero que le falta dinero.
Pablo explica que esa sería la mejor forma de vivir para él y para su familia.
Sara se pregunta si existen casas como esa y comenta que (ella) no ha visto ninguna.

4 a.
1. limpiar, 2. regar las plantas, 3. sacar la basura, 4. poner la mesa, 5. pasar la aspiradora, 6. poner la lavadora, 7. reparar algo, 8. lavar los platos, 9. cambiar bombillas, 10. planchar camisas

c.
Lösungsvorschlag:
libremujer: Dice que todavía hay pocos hombres que hacen las tareas domésticas.

loboferoz: Dice que cada vez más hombres comparten los trabajos de la casa, p.ej. arreglan aparatos o cambian las bombillas.

5 b.
La tarifa plana familiar de Telestar, una empresa de telefonía.

c.

Felipe	Papá
Papá	Mamá
Felipe	Mamá

Cuando transmitimos informaciones, usamos el **indicativo**.
Cuando transmitimos peticiones o deseos, usamos el **subjuntivo**.

d.
Dice que vienen los abuelos a cenar y que ponga la mesa. (Mamá)
Dice que tiene una cena de trabajo. (Papá)
Dice que ha llegado el paquete y que lo ha dejado en su habitación. (Mamá)
Dice que ha vuelto a usar su cepillo de dientes. (Javier)

6 c.
1. guarderías para niños
2. oferta cultural, transporte público, energías renovables
3. precio de la vivienda

d.
1. • ¿Sabías que Carla deja el trabajo?
   ○ ¿De verdad?
2. • ¿Has oído lo del teatro?
   ○ ¿Qué dices? ¿En serio?
3. • ¿Te has enterado de lo de Antonio?
   ○ No me digas.

7 b.
Nombre: Matavenero
Situación: León (Castilla)
Habitantes: 80
Fundación: 1989
Gobierno y política: La comunidad toma las decisiones en común.
Arquitectura: Casas construidas por los habitantes.
Sociedad y economía: El trueque, normas comunes de carácter ecológico.

c.
Lösungsvorschlag:
Vivir en plena montaña y en comunidad sin renunciar a lo individual es bonito, pero duro.
Según el texto hay muchos aspectos que se pueden valorar positiva o negativamente: pueblo pequeño, casas construidas por ellos mismos, falta de hoteles, homeopatía, huertas propias, energías renovables, placas solares, fuentes en el bosque, comunicación telefónica reducida, decisiones en común, trueque, trabajo común, prohibición de motores, de alcohol, tabaco y drogas.

4 Mirador

1 b.
Quería hacer un viaje de descanso, en cambio fue un viaje cultural increíble, pero era un estrés muy simpático y le está agradecida a su amiga Karin.

4 a.
1. El mecánico del taller le pide…
2. Su profesora le llama…

6 a.
Lösungsvorschlag:
- imperfecto, impaciente, increíble, indefinido, independiente, irregular
- desaparecer, desamor, descafeinado
- reaccionar, renovar, reformular
- igualdad, realidad, felicidad
- cooperación, elección, repetición

b.
unangenehm, Großzügigkeit, unverantwortlich, unberechenbar, Gleichheit, Beschäftigung, Genehmigung, gesetzeswidrig

c.
Lösungsvorschlag:
- felicitación
- capacidad, incapaz
- interesar, interesante, desinteresado
- desconocido, reconocer, conocimiento
- realidad, realizable, realización
- utilizable, reutilizar, utilización, útil, inútil

7 c.
El viaje es un placer.
El viajero va solo.
Viaja en tercera clase.
Lleva poco equipaje.
Le gusta viajar en tren.
No duerme, sino mira el paisaje y sueña.
Enfrente viaja una monja.

5 ¿Papel o pantalla?

2 a.
novela: La casa de los espíritus
obra de teatro: Romeo y Julieta
libro de cocina: Las recetas de Arzak
novela histórica: El nombre de la rosa, Los pilares de la tierra
novela policíaca: Muerte en el Nilo, El nombre de la rosa
biografía: La Reina, Borges
novela de ciencia ficción: Viaje al centro de la Tierra
cuento: La sirenita

Mundo del español:
La Reina, La casa de los espíritus, Las recetas de Arzak, Borges

c.

libro	película	libro y película
autor/a	actor / actriz	argumento
capítulo	banda sonora	crítica
índice	escena	director/a
página	estreno	premio
párrafo	guion	protagonista
	tráiler	título

4 a.
5, 1, 6, 2, 4, 3

b.
es publicado envía
son enviados

La voz pasiva se forma con el verbo **ser** y el participio. Para mencionar quién realiza la acción se usa la preposición **por**.

c.
En 1450 la imprenta fue inventada por Gutenberg.
En 1522 la Biblia fue traducida al alemán por Martín Lutero.
En 1574 fue establecida la primera imprenta en Latinoamérica por Antonio Ricardo.
En 1935 fueron publicados los pimeros libros de bolsillo por Penguin Books.
En 2010 fue lanzado el iPad por Apple.

5 b.
1. Es una novela policíaca.
2. La historia tiene lugar en Fráncfort.
3. El tema es la investigación de un asesinato.
4. La protagonista es una comisaria, hija de un alemán y una emigrante gallega.

c.

- Ha elegido la novela policíaca porque le pareció el género adecuado para la historia que quería contar, una historia donde el tema social es muy importante.
- Quiere tematizar la vida de los emigrantes, los conflictos interculturales y la convivencia entre diferentes generaciones.
- En este caso puso el título al final. Se dio cuenta de que el tema de estar entre dos mundos era uno de los temas más importantes en la novela.
- La fuente de inspiración son estudiantes suyos binacionales e hijos de españoles nacidos en Alemania y emigrantes que viven en la ciudad.
- Cornelia es valiente, sensible y muy generosa, una mujer que tiene conflictos y dudas, pero a la vez es una gran profesional, una buena policía y una buena persona.
- La relación con la madre es un poco complicada y es como una voz que siempre le dice que tiene que recordar que también es española y no solo alemana.

6 b.

5, 1, 4, 3, 2

c.

Lösungsvorschlag:

- La madre de Cornelia se ha enterado de que es su hija quien investiga el caso de la muerte de Marcelino.
- Cornelia no parece alegrarse mucho de la llamada, enciende el televisor y dice que está muy cansada y que quería darse una ducha.
- No parece interesarse mucho por lo que dice su madre y no le hace preguntas.
- Según Celsa Tejedor, en España la gente se conoce y en Alemania todo es impersonal.
- La madre es la típica emigrante de los años 60–70 que mantiene sus propias tradiciones españolas. Cornelia en cambio tiene un conflicto de identidad porque se siente medio española y medio alemana.
- La relación entre Cornelia y su madre es un poco complicada. Por una parte hay un conflicto de generaciones. Por otra parte, la madre le recuerda a Cornelia sus raíces españolas. Le reprocha no decir su apellido español al teléfono y Cornelia le reprocha no decir su nombre cuando llama por teléfono. Cornelia no tiene ganas de hablar con su madre, es impaciente y le molestan las historias que le cuenta su madre.
- Seguramente no hablan regularmente.

7 a.

libro: ahorrar energía, tinta
e-book: imprimir, encender, apagar
los dos: marcar, subrayar, copiar, coleccionar, escribir, marcalibros, abrir, portada, guardar

8 b.

ordenar ideas: en primer lugar, en segundo lugar, por último
añadir ideas: además, no solo… sino también, por una parte… por otra, incluso
contraponer ideas: sin embargo, mientras que, en cambio

c.

1. sin embargo / en cambio
2. Por una parte, por otra
3. no solo, sino también
4. mientras que

9 a.

habrá, habrán

El futuro perfecto se forma con el futuro del verbo **haber** y el **participio pasado**.

Amor imposible
M: ¿Te encuentras hoy…?
A: Sí.
M: Es la segunda vez…
A: Sí, lo sé. ¿Y qué?
M: Pues que es jueves…
A: ¿Llevas una cuenta…?
M: No, solo de cuántas veces…
A: Estamos componiendo juntos…
M: Claro. Y para componer…

6 Con gusto y sabor

1 a.
Lösungsvorschlag:
música: guitarra, piano, guitarrista
ropa: pantalones, percha *(Kleiderbügel)*, zapato, chaqueta, camiseta
bebida: botellas, copas, sacacorchos *(Korkenzieher)*
comida: cuchillo, tenedor
arte y cultura: ballet, bailarina, máscara, televisor, cuadro

b.
Se trata de un catador de vino *(Weinverkoster)*. Sus instrumentos de trabajo son los ojos, la nariz y la boca.

2 a.
sentido: vista, oído, olfato, gusto, tacto
órgano: ojos, orejas, nariz, lengua, piel
actividad: ver, oír, oler, reconocer sabores, tocar

b.
vista: color, forma, distancia, posición, movimiento
oído: sonidos, equilibrio, música
olfato: olores, relacionado con las emociones
gusto: sabores: dulce, salado, ácido, amargo
tacto: frío, calor, presión, dolor, sensibilidad

c.
Lösungsvorschlag:
El "sexto sentido" es la capacidad que tenemos de entender o percibir algo sin ayuda de los sentidos y sin tener una explicación.

4 b.
Lösungsvorschlag:
- huelen bien: flores, perfume, frutas
- huelen mal: calcetines, queso, gasolina
- son dulces: bombones, azúcar, tarta
- saben bien: zumo, manzana, jamón
- son redondas: pelota, moneda, cedé
- son duras: madera, metal, piedra
- son rojas: fresas, tomates, rosas
- son brillantes: oro, plata, pantalla
- hacen ruido: lavadora, móvil, camión
- suenan bien: música, risa de los bebés

5 a.
vista, manos, oído, lengua

6 b.
vista: mirar, invidentes, ver
oído: sonidos, orejas
olfato: olores
gusto: comer
tacto: tocar, manos, acariciar

c.
- Lily es la primera guía de zoo en el mundo **para** personas invidentes.
- Perdió la vista a los 15 años **por** culpa de un accidente.
- Lily identifica los recintos de los animales **por** los olores y sonidos.
- Trabaja en el zoo desde 1988 **así que** lo conoce muy bien.
- Los visitantes entran al recinto de las llamas **para** acariciarlas y darles de comer.
- Les da un elefante de peluche **para que** los visitantes se hagan una idea.
- Las llamas se consideran "muy educadas" **porque** no escupen.

- **Como** es una de ellos, Lily sabe hacer ver a los que no ven.

d.
Lösungsvorschlag:
- Algunos animales están en peligro de extinción, **por eso** no viven en su entorno natural.
- Los zoos tienen una función importante **para** informar sobre los animales y su forma de vivir.
- **Como** muchos animales han nacido en el zoo, no conocen otro entorno.
- Los animales están encerrados, **así que** es una tortura.
- Muchos animales no pueden vivir en libertad **porque** no conocen otro entorno.
- Los zoos contribuyen a la biodiversidad, **así que** hacen un trabajo muy útil.
- Algunos animales se ponen agresivos **por** estar encerrados.
- Los zoos hacen muchos esfuerzos **para que** los animales se reproduzcan.
- Los zoos estudian la vida de los animales **porque** tienen una función educativa.

7 a.
los camareros: Son todos invidentes. Tienen entre 21 y 34 años y estudian Fisioterapia.
la experiencia de Judit: Estaba un poco nerviosa, pero le ha gustado la experiencia. Cuesta un poco poner los cubiertos correctamente en la mesa, saber cómo tomar los platos y las copas. Servir un vino es complicado, pero el resto ha sido fácil.
los objetivos de la iniciativa: Ponerse en el lugar de una persona que no ve y despertar los demás sentidos.
las consecuencias: La comida se saborea de un modo diferente, cada sabor es un descubrimiento. Si la iniciativa tiene éxito, continuará después del mes de abril.

8 a.
Lösungsvorschlag:
dulce: azúcar, miel, mermelada, tarta, caramelo
salado: patatas fritas, queso, salchichas, bacalao, aceitunas
ácido: limón, vinagre, yogur natural
amargo: café, aceitunas, cerveza, mermelada de naranja

9 a.
salchicha de Fráncfort: Salchicha cocida.
ensaladilla rusa: Ensalada con patatas, mayonesa, atún, guisantes *(Erbsen)* y huevo duro.
arroz a la cubana: Arroz blanco acompañado de un huevo frito, salsa de tomate y plátano frito.
tarta vienesa: Tarta con bizcocho y cobertura de chocolate.
crema catalana: Crema hecha con leche y yemas de huevo *(Eigelb)*, con azúcar caramelizado encima.
pizza Hawai: Pizza con piña y jamón.
cocido madrileño: Plato con garbanzos *(Kichererbsen)*, patatas, verduras, carne y chorizo.
filete a la milanesa: Filete empanado *(paniert)*.

10 a.
Lösungsvorschlag:
1. Historia de la cocina peruana
2. Los ingredientes
3. La cocina peruana, famosa en el mundo

c.
es considerada, se cultiva, aman, hay que

Otros ejemplos:
- **voz pasiva:**
  La papa y el maíz **eran utilizados** ya durante el Imperio incaico.
  Este gran cambio **ha sido realizado** por cocineros populares.

- **se + 3ª persona:**
  A partir del siglo XVI **se añadieron** otros productos.
  La papa **se produce** desde hace 8.000 años y **se ha adaptado** a los más diversos climas.
  La papa amarilla no **se puede conseguir** en ninguna otra parte del mundo.
  La cocina peruana **se ha transformado** en una de las mejores del mundo.
- **3ª persona plural:**
  Además **cultivan** 35 variedades de choclo.
- **uno / una (+ se) + 3ª persona:**
  Uno se encuentra con una situación única.

7 De todo corazón

1 a.

Lösungsvorschlag:

Diego Rivera (1886–1957) y **Frida Kahlo** (1907–1954) fueron pintores mexicanos. Estuvieron casados dos veces.

Don Quijote y **Sancho Panza** son personajes ficticios en la novela "El ingenioso hidalgo Don Quijote de la Mancha", escrita por Miguel de Cervantes Saavedra en 1605.

Salvador Dalí fue un pintor surrealista español (1904–1989) y **Gala** (1894–1982) fue su esposa y musa.

Juan Perón (1895–1974) fue presidente argentino y la actriz María Eva Duarte (1919–1952), conocida como **Evita**, fue su segunda mujer.

2 b. und c.

Diego Rivera
aspecto físico: Es muy alto y gordo, tiene los ojos saltones, una boca grande, es feo, tiene una risa fuerte, su ropa está arrugada y lleva sombrero.
carácter: Es abierto, generoso, hablador y algo excéntrico.

Frida Kahlo
aspecto físico: Cojea, tiene la piel muy blanca, los ojos grandes y negros, lleva el pelo corto y un sombrero de paja, tiene una figura frágil y delgada.
carácter: Es inteligente y sensible.

3 a.

Para hablar de características propias se usa **ser**.
Para hablar del estado actual se usa **estar**.

Otros usos que conoce:
ser: definición, origen, profesión
estar: situación

b.

estuvo, es, es, fue, estoy, Fue, ser, Era, estuve, están / estuvieron, estaba, estaba

6 b.

ático	Ernesto	
2.	Carla y otras 2 estudiantes	los Pardo
1.	Zoila / estudio de yoga	Ana / agencia de publicidad

7 b.

Sr. Ramírez: Sus empleadas no soportan trabajar con él. Es bastante estricto. Es tacaño. Es bastante exigente.
Zoila: Es rara y excéntrica.
Ernesto: Es guapo, independiente y no habla con nadie. Pone la música alta y viene todas las noches de madrugada.
Sr. Pardo: Ernesto y él no se pueden ver.

c.

Ana: Llega tarde casi todos los días, es sosa.
Ana y sus colegas: Trabajan poco, fuman mucho y dejan todo lleno de ceniza.

Los que hacen yoga: Entran y salen sin parar, dejan sus bicicletas dentro de la casa.

8 **b.**
indicativo, subjuntivo

9
esté, están, sean, quiere, puedas, cuestan, tenga, dan

10 **a.**
Lösungsvorschlag:
1. En muchas ocasiones hace más un amigo por ti que la propia familia.
2. Cuando los vecinos son buenos, pueden convertirse en buenos amigos.
3. Aun entre los mejores amigos debe haber formalidad en las cuentas.
4. Un verdadero amigo siempre te dice la verdad aunque esta sea dura.
5. Si se dice siempre lo que se piensa, la gente no lo acepta.
6. El tiempo nos muestra si algo es realmente valioso, también en la amistad.
7. En los momentos duros es cuando se ve la auténtica amistad.

11 **a.**
- pandilla, salir juntos, verse mucho, hacer todo juntos, compartir mucho
- tener confianza, escuchar y comprender, amigos de la infancia
- compañeros de trabajo, compartir cosas, saber los intereses y problemas, tener opiniones e intereses en común
- buena química, llevarse bien, gusto por estar juntos

b.
personas que se sienten unidas por una experiencia concreta, confianza, comprensión, respeto, comparten la mayor parte del viaje, ayudan en los momentos difíciles, te comprende, es capaz de ponerse en tu lugar, mantienen conversaciones profundas, te ofrecen su sonrisa, cariño, apoyo, tiempo y presencia, te ayudan a mejorar en la vida

Amor imposible
historia, escritora, hombre, familia

8 Mirador

1 **b.**
tono de voz alto, hablar todos a la vez, interrumpir

4
1. Es importante respetar…
2. Para participar en esta red social…

7 **a.**
tipo de palabra: *s/* sustantivo
contrario: ANT anochecer
pronunciación: | amaneθer |
conjugación: *(crecer)*
género: *m* masculino
ejemplos de uso: *Me gusta levantarme al ≈.*
preposición con la que se usa: –
sentido figurativo: *fig* Empezar una nueva vida.

b.
chismear: cotillear
despachar: beber, acabar
andar: estar
patas arriba: en completo desorden
trasnochar: pasar la noche sin dormir, acostarse tarde
facha: aspecto

8 **b.**
- La tía Julia está de visita en casa del tío Lucho.
- Está con su hermano Lucho y su mujer Olga.

- Ha llegado de Bolivia para descansar y recuperarse de su fracaso matrimonial. Según la tía Hortensia, busca marido.
- Están todos en pijama a mediodía porque se han quedado hasta el amanecer chismeando.
- La historia la cuenta el sobrino Mario, que llega a la casa de su tío Lucho a la hora del almuerzo. Es un joven escritor.
- Su impresión de la tía no es buena: la ve en bata y con ruleros y la odia porque lo trata todavía como un niño.

9 Grandes momentos

1

La empresa organiza fiestas y celebraciones.

2 a.

1. **despedida de soltero/-a:** ¡Felicidades!
2. **boda / matrimonio:** ¡Que seáis muy felices! ¡Os deseo lo mejor para vuestro futuro!
3. **bodas de plata:** ¡Que dure para siempre!
4. **aniversario:** ¡Felicidades! / ¡Enhorabuena!
5. **comunión:** ¡Felicidades!
6. **graduación / fin de carrera:** ¡Enhorabuena! / Te deseo lo mejor para tu futuro.
7. **bautizo:** ¡Felicidades! / ¡Enhorabuena!

b.

Lösungsvorschlag:

- En una boda la novia normalmente se viste de blanco.
- Para un bautizo es costumbre ponerse un traje.
- En las bodas se suele echar arroz.
- Después de la boda es costumbre que la novia tire el ramo de flores.
- En una despedida de soltero/-a normalmente se baila y se va de bares.
- En un bautizo o una comunión se va a la iglesia y se suele regalar algo de oro.
- En las bodas es costumbre brindar por los novios.
- En los cumpleaños normalmente se soplan las velas y en Latinoamérica se suele romper una piñata.
- En las bodas normalmente se suelen repartir regalos a los invitados.
- En las bodas en los países hispanohablantes es costumbre que la novia lleve puesto algo viejo, prestado y azul.

3 a.

- Es la fiesta de los quince años.
- En Alemania no existe una fiesta similar.
- La fiesta de Lucila será informal y la de Diana formal.

4 a.

corresponde al texto: 1, 2, 6
no corresponde: 3, 4, 5

b.

indicativo: 1. cumple, 3. cuesta, 6. se está preparando
subjuntivo: 2. cumpla, 4. tengan, 5. sea

2, 4, 5
Es el presente de subjuntivo.

c.

lo sabemos: con indicativo
no lo sabemos: con subjuntivo

indicativo, subjuntivo

5 a.

La fiesta empezará cuando lleguen los invitados.
La fiesta empieza cuando llegan los invitados.
La familia hace la fiesta aunque no tiene dinero.
Hará también una fiesta para la hermana aunque no tenga dinero.

Las chicas no beben alcohol mientras sus padres las ven.
Las chicas beben alcohol mientras sus padres no las vean.

6 a.

Lösungsvorschlag:

La madre: Se imagina una fiesta elegante en un lugar lujoso, con un coche grande y caro y con su hija vestida de princesa, probablemente con invitados elegantes.
La hija: Decide celebrar la fiesta en una discoteca, vestida con ropa muy informal, como todos los amigos que invita.

b.

El que quieras.
Cuando quieras.
Como quieras.
Donde quieras.

c.

- ● ¿Hacemos la fiesta el sábado o el domingo?
- ○ Cuando quieras.
- ● ¿Invitamos a la familia o a amigos?
- ○ A quien quieras.
- ● ¿Comemos en casa o en el jardín?
- ○ Donde quieras.
- ● ¿Preparamos un menú o un bufet?
- ○ Como / Lo que quieras.
- ● ¿Cocinamos o buscamos un catering?
- ○ Como / Lo que quieras.
- ● ¿Decoramos el salón con velas o con globos y guirnaldas?
- ○ Como / Con lo que quieras.
- ● ¿Escuchamos música alemana o española?
- ○ La que / Como quieras.
- ● ¿Servimos salchichas o tortilla?
- ○ Como / Lo que quieras.

7 a.

Lösungsvorschlag:

A la madre: la ropa elegante, los zapatos con tacones, las uñas pintadas, los labios pintados de rojo, el pelo largo y liso
A la hija: las botas cómodas, los vaqueros con agujeros, los tatuajes, los piercings, el pelo lila y verde, los ojos pintados de negro, la ropa de cuero

8 a.

Lösungsvorschlag:

- Es una señora mayor, tendrá unos 70 años. Tiene la piel morena y el pelo blanco y liso, recogido en un moño *(Dutt)*.
- Es un chico sonriente de unos 20–25 años que lleva el pelo corto. Es bastante musculoso y está haciendo ejercicio en un gimnasio.
- Es una chica de unos 30 años que lleva el pelo liso y de color lila. También lleva un piercing en la boca y está sonriendo y guiñando *(zwinkern)* un ojo.
- Es una chica de unos 20 años que tiene el pelo moreno, largo y rizado y se lo levanta para enseñar un tatuaje que lleva en la espalda.

b.

1. chica del pelo lila
2. señora mayor
3. chico musculoso
4. chica del tatuaje

9 a.

1. La belleza, una convención social
2. La belleza, un fenómeno universal

10 a.

pero, pero, pero, sino, sino

10 Mundos en contacto

1 a.

Lösungsvorschlag:

1. Cuba / Puerto Rico / República Dominicana: tropical, playa, arena, mar, palmera
2. Bolivia / Perú: lago Titicaca, barca de paja, indio, traje típico, gorra, poncho
3. Galicia / Asturias / País Vasco: costa, mar, isla, montaña, piedras, gaviota *(Möwe)*, margaritas

b.

1. Galicia: Piedra, agua, aire…
2. Puerto Rico: El corazón del Caribe
3. Bolivia: El secreto mejor guardado…

cordillera de los Andes…: Bolivia
piedras milenarias…: Galicia
isla, selva tropical…: Puerto Rico

2 a.

1. México, 2. Guatemala y Belice,
3. El Salvador, 4. un desierto, 5. La República Dominicana, 6. Puerto Rico,
7. A más de 3.000 m, 8. Aconcagua,
9. Una comida, 10. Una península,
11. La República Dominicana, 12. Chile

b.

Colombia — cocinero vasco

3 a.

Puerto Rico:

situación geográfica	idiomas
forma de Estado	moneda
superficie	clima
número de habitantes	
religión	

b.

paisaje: río, desierto, volcán, selva, playa, mar, montaña, cordillera, península, costa, océano
clima: tropical, subtropical, lluvioso, seco, desértico, húmedo, frío
religión: católica, protestante, judía, musulmana
cultura: merengue, lengua, baile, comida

5 a.

verdadero: 2 — falso: 1, 3, 4

b. und c.

1. Muchos bolivianos hablan otra lengua además del español. Hay 36 pueblos originarios, como p.ej. los quechua, aymara y guaraníes. Bolivia es pluriétnico, multicultural y plurilingüe. Mucha gente no conoce el español o lo comparte con sus lenguas nativas. Solo un 40% es monolingüe español.
2. El uso de indigenismos en el español hablado es muy frecuente y aparece también en la lengua escrita.
3. La enseñanza intercultural bilingüe quiere conservar los valores de las culturas prehispánicas.

6 a.

haya invitado, hayan disfrutado, haya parecido

haya, hayan

El perfecto de subjuntivo se forma con el presente de subjuntivo del verbo **haber** y el **participio pasado**.

b.

Lösungsvorschlag:

1. Es posible que la conferencia sea otro día. / que se haya equivocado de día.
2. Quizás no tengan suficientes sillas para la sala. Quizás no se hayan apuntado todos los asistentes.
3. Tal vez esté en un atasco. Tal vez haya perdido el tren.
4. Es posible que el micrófono esté roto. / que no hayan conectado el micrófono.

5. Probablemente sea un problema de la conexión. / se haya roto la lámpara.

7 a.

saludar y presentarse: buenos días, señoras y señores, quiero darles la bienvenida
señalar el comienzo: primeramente, me gustaría empezar en primer lugar con
introducir el tema: en cuanto a
ordenar ideas: en segundo lugar, además, así pues, por ejemplo, hay que tener en cuenta
reformular: es decir, en otras palabras, mejor dicho, por ejemplo
contrastar: sin embargo, en cambio, no solo… sino que
concluir: para terminar, por esto, por último, así que, finalmente, en consecuencia, así pues, podemos concluir
resumir: en resumen
agradecer y despedirse: muchas gracias por su atención, espero que hayan disfrutado tanto como yo, ha sido todo un placer

8 a.

3.

b.

Existe el 'denglisch', una mezcla entre el alemán y el inglés.

9 a.

El spanglish lo hablan 40 millones de personas.
Stavans no contó que él lo usaba en sus clases.

b.

era, había, habían, continuaría

imperfecto, pluscuamperfecto, condicional

c.

1. Una persona dijo que **estaba** de acuerdo con él y que nunca **había existido** un idioma puro.
2. Dijo que la conferencia **le había parecido** muy interesante, porque en España **ese** tema no lo **conocían** bien.
3. Dijo que **allí eso** no **existía** y que **sus** hijos no lo **aprenderían** en la escuela.
4. Dijo que **el día anterior había hablado** otro conferenciante sobre el mismo tema y **había dicho** todo lo contrario.
5. Dijo que para **él / ella**, el spanglish **era** una moda que en unos años **desaparecería**.

Amor imposible

Hoy me he decidido,
sigo tu camino,
lo he dejado todo por ti.
No sé dónde has ido,
si lograré encontrarte,
si perdonas, si vuelves a mí.
Será algo muy importante,
será un amor imposible.

11 Solidarios

1 a.

Lösungsvorschlag:

1. destrucción del medio ambiente, contaminación
2. terrorismo, represión política, violencia
3. inflación, paro, corrupción, precio de la vivienda, subida de impuestos

c.

Están reclamando sus derechos, democracia real y el cambio del sistema.
Se refiere a la tercera foto.

2 b.

1. Estoy divorciado…
2. Es una pena…
3. Soy miembro…
4. Yo apoyo…
5. La naturaleza…
6. El racismo…

3 a.

Expresa algo irreal.

existiera, existiera, existieran

b.

tocaras, abrieras, tocaras, limpiaras, plancharas, escribieras, tocaras, hablaras, limpiaras, abrieras, escribieras, limpiaras

c.

más probable:
Si queremos conservarlo, tenemos que hacer algo pronto.
menos probable:
Si todos los niños pudieran ir a la escuela, habría menos problemas en el mundo.
Si la ley fuera justa, un padre tendría los mismos derechos que una madre.

d.

más probable:
No necesitaremos centrales nucleares si consumimos menos energía.
Habrá menos tráfico en las ciudades si usamos los transportes públicos.
menos probable:
La gente no abandonaría a los animales si fuera más responsable.
Menos gente viviría en la calle si todos tuvieran derecho a una vivienda.
La gente mayor no estaría aislada si la integráramos socialmente.
Viviríamos todos en un mundo mejor si fuéramos más solidarios.

4 a.

tuviéramos, se prohibiera, decidiera, nos alimentáramos, se prohibiera, se inventara, dejara, volviera, introdujera

5

Lösungsvorschlag:

2. … ofrezcan más seguridad laboral.
3. … sea más democrático.
4. … dé ayudas a la educación.
5. … sean menos corruptos.
6. … reciba pensiones garantizadas.
7. … haya paro.
8. … tengan mejores condiciones sociales.

7 a.

Lösungsvorschlag:
Les fastidia que haya inseguridad laboral.
Les resulta incomprensible que el gobierno reduzca las ayudas a la educación.
Les molesta el sistema político.
Les indigna la corrupción de los políticos, los empresarios y los banqueros.

8 a.

1. Vicente, 2. Claudia, 3. Amalia

b.

Claudia:
motivos: No le pareció normal que la gente con carrera no pudiera encontrar trabajo.
experiencia: Muy especial. El movimiento unió a gente de diferentes ideologías que quería cambiar las cosas.

Vicente:
motivos: Tuvo que cerrar su restaurante por la crisis.
experiencia: Muy bonita. Los ciudadanos son capaces de organizarse y de protestar de manera pacífica.

Amalia:
motivos: Casualidad.
experiencia: Fantástica. Buena organización.

c.

correcto: 1, 2, 3, 4, 5

6. Prepararon cocido madrileño.

7. Le pidieron a la fotógrafa que no sacara fotos en la tienda donde hacían masajes.

d.
presente: presente de subjuntivo: encuentre, estén, haga
pasado: imperfecto de subjuntivo: dieran, pudiera, conociera, devolvieran, sacara

9 a.
Lösungsvorschlag:
... que yo estudiara mucho.
... que me acostara temprano.
... que saliera de noche.
... fumar / que fumara.
... que sus hijos se portaran bien.

10
Lösungsvorschlag:
Los pacifistas querían que no hubiera más guerras y en algunos países lo han conseguido.
Las feministas reivindican la igualdad de sexos y han conseguido que haya menos discriminación, p.ej. el derecho a la educación y al voto y la igualdad de oportunidades en el trabajo.
Los sindicatos defienden y promocionan los intereses de los trabajadores y han conseguido mejores condiciones de trabajo, p.ej. la seguridad y salud en el trabajo y la reducción de la jornada laboral.
El movimiento por los derechos civiles lucha por más democracia y ha conseguido la igualdad de todos los ciudadanos ante la ley.
El movimiento por los derechos de los homosexuales lucha por la igualdad de derechos y en diversos países ha conseguido su legalización y el derecho al matrimonio y a la adopción.
El movimiento ecologista defiende el medio ambiente y ha conseguido reformas legales y la concienciación ecologista tanto en gobiernos y empresas como en amplios sectores de la sociedad.

12 Mirador

1 b.
Lösungsvorschlag:
parecido: vestido blanco, velo, ramo de flores, luna de miel
diferente: hay menos invitados, son puntuales, los regalos se abren la misma noche

4
1. Las revistas femeninas...
2. Según el político...

7 a.
Lösungsvorschlag:
micrófono, papeles, gato / perro, hombre / joven

b.
Lösungsvorschlag:
machen, tun, Ding

c.
He dibujado, escribí, prepara, caminamos, produce, celebrar / organizar, cumple, tiene, has pedido

8 b.
predecir, pasar, hacer responsable

c.
naturaleza: "El sol se oscurecerá y habrá dos noches por jornada."
sociedad: "Habrá justicia."
banalidad: "Os mostraré mi lengua."
geografía: "La tierra se arrugará formando colinas y promontorios nuevos y en más de una llanura se abrirán cráteres."

Übungsteil

1 Sigo aprendiendo

1 a.
1. asignaturas, 2. pizarra, 3. comedor, 4. nota, 5. examen, 6. suspender, 7. patio, 8. laboratorio

b.
Lösungsvorschlag:
gimnasio: Sala en la que se hace ejercicio físico y se practica deporte.

2
1. fue, gustaba, tenía, era, sacaba, comía, estaba, tenía
2. fue, gustó, estudiaba, llegaba, hacía, aprobaba
3. era, tenía, eran, ayudaban / apoyaban, aprobé

3
Lösungsvorschlag:
- En el sistema educativo español, la enseñanza primaria dura 6 años, en cambio en muchos Estados federales de Alemania la enseñanza primaria dura solo 4 años.
- A diferencia de España, la mayoría de los alumnos alemanes van a escuelas diferentes después de la escuela primaria.
- Igual que en España, la mayoría de los alumnos alemanes terminan el bachillerato a los 18 años.
- Si comparamos el sistema de España con Alemania, vemos que la educación escolar es obligatoria a partir de los 6 años en los dos países.
- En los dos sistemas educativos la educación preescolar es de los 3 a los 6 años.
- La edad para entrar en la universidad es similar en los dos sistemas.

4
Lösungsvorschlag:
- Nuestro profesor explica muy bien y despierta el interés por el tema.
- Nuestra profesora cuenta anécdotas y algunos estudiantes toman apuntes.
- Los estudiantes consultan en el diccionario el vocabulario nuevo.
- Nuestra profesora nunca hace dictados.
- Casi todos los estudiantes han aprobado el examen y han sacado buenas notas.
- Los estudiantes cometen todavía muchos errores de gramática.
- Pocos estudiantes han suspendido el examen.
- Los estudiantes practican la pronunciación leyendo en voz alta.
- Nuestra profesora crea un buen ambiente y sus clases son divertidas.
- Cuando la profesora nos da deberes, los copio de un compañero.

5 a.
1. problemas, 2. resultan, 3. cuesta, 4. capaz, 5. desastre, 6. lío, 7. resulta, 8. desastre, vergüenza

b.
Freie Übung.

6 a.
1. Berlín, …
2. Cuando sale del coma…
3. Alex decide…
4. Cuando su madre sufre…

b.
veía, perdió, estaba, produjeron, salió, existía, necesitaba, convirtió, sufrió, volvió, existía, veía, comprendió

7
hace… que, Desde hace, hace, desde, desde que, Hace… que, Desde

8

1. correcto
2. correcto
3. Amanda Torres está jubilada y ahora va de viaje y visita a su familia. Para ella es tiempo libre.

9

Freie Übung.

10

Ángel ha dejado de llevar el pelo largo.
Antonio sigue llegando tarde a clase.
Pilar y Javier siguen sin hacer los deberes.
Ana y Lucía siguen teniendo el móvil encendido.
Margarita ha dejado de participar en clase.
Ernesto sigue sin sacar buenas notas.

11

Lösungsvorschlag:

1. francesa, española (la española)
2. español (Pedro Almodóvar)
3. colombiana (Hips don't lie, Waka waka)
4. mexicano (el aguacate)
5. chilena (La casa de los espíritus, Paula)
6. suizo / belga
7. estadounidense (dólar canadiense)
8. inglesa (pudding, pie, pastie)

12

Lösungsvorschlag:

Estimados señores:
En respuesta a su anuncio, me dirijo a ustedes para solicitar información sobre un curso intensivo de español en su escuela. Me interesa hacer un curso A2 de dos semanas en la escuela de Cádiz durante el mes de septiembre. Quisiera saber cuántas horas de clase hay por día y qué programa complementario ofrecen (excursiones, visitas…).
Me gustaría estar en casa de una familia anfitriona y me interesaría saber el precio.
A la espera de recibir su información, les saludo muy atentamente, …

13

Ausspracheübung.

Portfolio

Lösungsvorschlag:

- Nuestra profesora explica la gramática y nosotros tomamos apuntes.
- Iba a una escuela pública. En las pausas siempre comía un bocadillo.
- Los idiomas me resultan fáciles, pero no soy capaz de hablar en público.
- A los 20 años hice unas prácticas y un año después conseguí un trabajo fijo.
- Ayer trabajé hasta las seis, mientras mi familia estaba de compras.
- Vivo aquí desde que terminé la escuela. Hace 10 años que vivo aquí.
- Hace un año empecé a hacer una dieta y dejé de comer carne.
- En mi ciudad hay un restaurante chino y una verdulería turca.

2 ¡Buen viaje!

1 a.

Lösungsvorschlag:

antes del viaje: pedir folletos, controlar el pasaporte, reservar los vuelos, lavar la ropa, hacer la maleta o la mochila, comprar una guía y un mapa, alquilar un coche, buscar alojamiento, limpiar la casa
durante el viaje: nadar y bucear, hacer caminatas, descansar, enviar postales, alquilar un coche, buscar alojamiento, llamar por teléfono a la familia, probar la cocina local
después del viaje: recoger las llaves de la casa, lavar la ropa, contar las experiencias del viaje, limpiar la casa, hacer un álbum de fotos, llamar por teléfono a la familia

b.
Lösungsvorschlag:
antes del viaje: comprar medicamentos, planchar la ropa
durante el viaje: alquilar una bicicleta, sacar fotos o filmar, visitar museos, comprar regalos
después del viaje: entregar los regalos, invitar a amigos a casa, mostrar fotos o un vídeo del viaje

2

correcto: 1, 5

2. Cada año participan unos **350** jóvenes de **más de 50 países**.
3. La expedición dura seis semanas, pero el texto **no dice por cuántos países pasa**.
4. Durante el viaje los jóvenes estudian **la historia y cultura común** de los países.
6. Además de tener un buen nivel de español, los jóvenes tienen que **tener 16 o 17 años** y **presentarse a un concurso de dos pruebas:** tienen que realizar un trabajo escrito, plástico o musical y hacer una entrevista.

3

visitar – la visita – visitante
organizar – la organización – organizador/a
viajar – el viaje – viajero/-a
participar – la participación – participante
cooperar – la cooperación – cooperante
estudiar – el estudio – estudiante
entrevistar – la entrevista – entrevistador/a
colaborar – la colaboración – colaborador/a
presentar – la presentación – presentador/a

4 a.

1. jabón, 2. peine, 3. enchufe, 4. cepillo, 5. pastilla, 6. protector, 7. paraguas

b.
Lösungsvorschlag:
neceser: Caja o bolsa con diversos objetos personales como peine, jabón, etc.

5

Lösungsvorschlag:
2. Es muy útil leer la historia…
3. Es muy útil escribir un resumen…
4. Para buscar la traducción de alguna palabra, es recomendable consultar…
5. Lo mejor es practicar el vocabulario…
6. Si no habéis entendido la explicación, lo mejor es preguntar…
7. Es importante no tener miedo…
8. Lo mejor es no comprar el libro…

6

- Respeta, sé
- participa
- Quédate, sigue
- No bebas
- No alquiles ni conduzcas
- No fumes
- Sé, paga
- No laves, Usa
- No vuelvas

7

- duermes, salimos, conducen
- esté, explique, digáis
- pienso, es, vais
- llegues, pidamos, tengan

8

1. sean, 2. diga, 3. estudiemos, 4. dé, 5. muestre, 6. vengan, 7. digan, 8. sea

9

2. yo – yo – tú
3. tú – nosotros – tú
4. yo – vosotros – yo
5. yo – yo – tú
6. tú – tú – yo

10

Terequetzal: que sea
oviedo93: que tengas / tener, conocer

oviedo93: llevar
Terequetzal: que hable / hablar
oviedo93: hablar, que lleves / llevar
Terequetzal: llevar

11 a.

Lösungsvorschlag:

- Si tengo una avería de coche, llamo a la grúa.
- Si roban mi coche, voy a la policía.
- Si me caigo de la bicicleta, voy al médico, al hospital o a la farmacia.
- Si me falta gasolina, voy a la gasolinera.
- Si desaparece mi maleta / Si cancelan mi vuelo, me dirijo a la compañía aérea.
- Si roban mi tarjeta de crédito, llamo al banco y también voy a la policía.
- Si tengo una insolación / Si me pica una medusa, voy al médico o a la farmacia.

b.

1. reserve (cancelación de vuelo)
2. preste (robo de tarjeta de crédito)
3. lleve (desaparición de maleta)
4. ayude (caída de bicicleta)
5. vayamos (insolación o picadura de medusa)
6. avise (avería de coche)

12

1. a. falso	2. a. falso
b. verdadero	b. verdadero

13

Lösungsvorschlag:

1. Tengo un problema con la habitación, es que está sucia y faltan las toallas.
2. Me parece que se han equivocado. Yo no he reservado una habitación individual sino una doble.
3. Quisiera cambiar de habitación. Es que está al lado del ascensor y no puedo dormir porque es muy ruidoso.
4. ¿Puede controlar por qué en mi habitación la conexión a internet no funciona?
5. Tengo un problema con mi tarjeta (de crédito), es que el cajero automático no la acepta. ¿Puede controlar por qué pasa esto?
6. ¡Tranquilo, hombre, no te preocupes! Ya verás que pronto lo solucionan.
7. ¿Quiere que lo / la lleve al hospital?
8. Gracias, pero creo que no es necesario.

14 a.

1 g, 2 c, 3 b, 4 e, 5 d, 6 h, 7 a, 8 f

b.

correcto: 4

1. El 4 de febrero cancelaron el vuelo de Málaga a Bilbao, pero los aviones de las otras compañías sí salieron.
2. La compañía aérea no pagó los gastos del hotel ni de la comida.
3. A los pasajeros no les ofrecieron nada.

15 b.

1. lle**g**a, reco**j**o, reco**g**erlo
2. bús**c**alo, bus**qu**é, pa**gu**é, bus**qu**e
3. si**g**o, empe**c**é, consi**gu**ió

Portfolio

Lösungsvorschlag:

- Es importante llevar un botiquín. Te recomiendo que bebas agua de botella.
- Quiero participar en la excursión. Te deseo que tengas un viaje muy interesante.
- Es necesario usar protector solar. Necesito que me compres aspirinas.
- Tranquilo, seguro que tienes las llaves en el bolso. Ya verás que las encuentras rápido.
- ¿Le puedo ayudar en algo? ¿Quiere que llame a la policía?
- No es justo que tengamos que esperar. No puede ser que no tenga la reserva.
- Tiene razón. Voy a ver si hay otra habitación más tranquila. Lo entiendo,

pero por el momento no puedo hacer nada.

- llevar: que yo lleve; tener: que tú tengas; ir: que él / ella / usted vaya.
- Quiero ir al banco. Quiero que mi marido vaya conmigo al banco.

3 Maneras de vivir

1

tipos de vivienda: adosado, granja, ático, palacio
partes de la casa: dormitorio, cocina, salón, terraza, planta baja, sótano, ascensor
muebles: sillón, chimenea, silla, cama, armario

2 **a.**

Nuestra casa **era** grande y **estaba** en las afueras de Palencia. La **habían construido** mis abuelos, que **vivían** en la planta baja. Nosotros **vivíamos** en el primer piso y yo **tenía** una habitación muy bonita desde donde se **veía** el jardín. Lo que más me **gustaba** de mi habitación **era** la pared de detrás de la cama. Mis padres la **habían pintado** de muchos colores, con pájaros, árboles y flores.
De la casa no me **gustaba** el sótano porque era oscuro y nunca **quería** ir sola. Siempre **iba** con mi hermano a buscar mermelada o verdura. En el último piso **había** una habitación que **usábamos** para guardar cosas y adonde a veces **íbamos** a jugar.

b.

Freie Übung.

3

Lösungsvorschlag:

1. Puede ser, pero a mí me gusta vivir en el campo.
2. Soy de la misma opinión.
3. No estoy de acuerdo, porque si trabajas, necesitas una guardería y en el campo hay pocas.
4. Tienes razón, es una gran ventaja.

4

Lösungsvorschlag:

2. Mi amigo pregunta si ya has hecho fiestas como esta.
3. Quiere saber quién te ha ayudado en los preparativos.
4. Pregunta si tú misma has preparado la comida.
5. Quiere saber qué haces / a qué te dedicas.
6. Pregunta dónde trabajas.
7. Quiere saber cómo se llama el grupo de música.
8. Pregunta si quieres bailar con él.
9. Quiere saber cuál es tu número de teléfono.

5

Lösungsvorschlag:

2. Gustavo nos avisa que el lunes se muda y que mañana nos da su nueva dirección.
3. Elvira ha dicho que esta tarde nos trae la lista de teléfonos de todos los vecinos por si la necesitamos.
4. Julio me ha dicho que mañana tiene libre y que puede llevar a nuestro hijo a la escuela con el suyo.
5. Rosa dice que tenemos la música muy alta y que su bebé no se duerme con tanto ruido.
6. José nos ha traído unas flores y ha dicho que es por cuidar a su gato la semana pasada.
7. Los Gómez han dicho que se van dos semanas a Canarias y que si queremos, podemos usar su plaza de garaje.
8. Adriana ha dicho que mañana hay reunión de propietarios a las siete y pregunta si vamos a ir nosotros.

6 **a.**

Lösungsvorschlag:

planchar las camisas – ir de compras – limpiar las ventanas – poner la lavadora – pintar las paredes – pasar la aspiradora – arreglar / montar un armario – limpiar el baño – cambiar las bombillas – poner la mesa – preparar la comida – sacar la basura – regar las plantas – reparar el coche – hacer las camas

b.

Lösungsvorschlag:

- Cada mañana preparo el desayuno.
- Los sábados limpio toda la casa.
- Me gusta que mi marido / mujer / hijo quiera ayudarme en las tareas domésticas.
- Me molesta que mi familia no haga las camas.

7

sea, haga, ocupe, llegue, consuma, funcione

8

1 b, 2 a, 3 b, 4 a, 5 b, 6 a, 7 a, 8 b

9

1. ocupa, 2. observe, 3. pida, es, 4. puedo, 5. apagues, 6. compre, 7. tienen

10

Lösungsvorschlag:

ciudad: contaminación del aire, viviendas caras, mucho ruido, oferta cultural, buenas escuelas y guarderías, transporte público, espacios verdes, tiendas y negocios, placas solares, construcción sin control, mucho tráfico, consumo de drogas, buenas calles y carreteras, prisa y estrés, servicios públicos
pueblo: aire puro y limpio, huertas, espacios verdes, tranquilidad y descanso, placas solares, construcción sin control

11

Lösungsvorschlag:

1. (alegría) ¡Estupendo! ¡Cuánto me alegro! ¡Qué bien! ¡Qué alegría! ¡Qué suerte!
2. (sorpresa / tristeza) ¡No me digas! ¡Qué fuerte! ¡Qué dices! ¡Qué mala suerte! ¡Anda ya! ¡No puede ser! ¡Vaya! ¿En serio? ¿De verdad? ¡No me lo puedo creer! ¡Cuánto lo siento!
3. (sorpresa) ¡No me digas! ¡Qué dices! ¡Qué curioso! ¡Anda ya! ¡Vaya! ¡Increíble! ¿En serio? ¿De verdad? ¡No me lo puedo creer!
4. (sorpresa / tristeza) = 2.
5. (alegría, sorpresa) ¡Me hace mucha ilusión! ¡No me digas! ¡Estupendo! ¡Cuánto me alegro! ¡Qué bien! ¡Qué alegría! ¡Anda ya! ¡Increíble! ¿En serio? ¡Qué suerte! ¿De verdad? ¡No me lo puedo creer!
6. (sorpresa) = 3.

12

lo de, lo, lo que, lo, lo que

13

Lösungsvorschlag:

2. Lugar donde se cuidan los niños que todavía no tienen la edad para entrar en la escuela.
3. Lugar que se usa para cultivar verduras y frutas.
4. Productos o sustancias que tienen influencia sobre el estado de ánimo de las personas. Su consumo frecuente provoca dependencia.
5. Lugar que se encuentra entre dos montañas o sierras.
6. Técnica de hacer o fabricar un objeto o producto, generalmente a mano.
7. Conjunto de personas que forman un grupo.
8. Lugar en la tierra desde donde sale agua natural o aparato con el que se hace salir el agua.

9. Intercambio directo de objetos o servicios, sin intervención de dinero.
10. Deseo o esperanza de realizar un proyecto.

14 a.

1. venta, 2. visita, 3. cuenta, 4. contrato

b.

Lösungsvorschlag:

- Carmen Morales ha llamado por la venta de su casa en Madrid. Necesita una cita con usted el martes de la semana próxima por la mañana. Hay que confirmarle la cita.
- Damián ha llamado para recordarle la cita con los Sres. Ruiz para mostrarles el piso del edificio Roca. Pide que lleve las llaves.
- Ha llamado una persona de Construcciones Moya para avisar que ya han solucionado el problema en el edificio de la calle Sur. Necesita saber a quién tiene que pasarle la cuenta de la reparación.
- Guillermo Carrasco ha llamado para decir que hoy no puede pasar por la agencia para firmar el contrato de compra. Quiere que lo llame para hacer una nueva cita esta semana.

15 b.

1. ¡Si es el coche de Juan!
2. Que sí llama hoy.
3. Tú, mamá llega hoy.

Portfolio

Lösungsvorschlag:

- Vivo en una granja en las afueras de la ciudad. Yo en una finca en el campo.
- Lo mejor de mi casa es la terraza. Lo malo es que hay poco transporte público.
- Es cierto, pero en el campo tengo mucha tranquilidad. Además estoy en contacto con la naturaleza todo el día.
- Mi vecino dice que su lavadora no funciona. Pregunta si puede usar la nuestra.
- Los sábados paso la aspiradora, pongo la lavadora y riego las plantas.
- Pienso que es posible compartir las tareas de la casa. No creo que sean actividades solo de las mujeres.
- Mi amiga dice que la llame y que le diga a qué hora llego a su casa.
- ¿Te has enterado de que los Sánchez se mudan al campo? – ¡No me digas!

- "Te llamo". – Dice que me llama. "¿Vienes?" – Pregunta si voy.
- Creo que las mujeres trabajan más en casa. No es verdad que solo las mujeres hagan las tareas domésticas.
- Mamá ha dicho que cenamos a las ocho y quiere que seamos puntuales.
- ¿Sabes que los Sánchez se mudan de casa? ¿Sabes lo de los Sánchez?

4 Mirador

1

1. teniendo, 2. Te has, 3. desde, 4. si, 5. lo de, 6. adosado, 7. escriba, 8. ocupado, 9. veamos, 10. busques

2

1. (+), 2. (–), 3. (+), 4. (+), 5. (–), 6. (+), 7. (–), 8. (+)

3

1. la entrada ilegal de turistas al parque.
2. afectan a la biodiversidad del parque.
3. informes sobre la zona protegida.
4. se perderán especies de animales y plantas.

4

Lösungsvorschlag:

Estimados señores:

Les escribo en respuesta al anuncio que han publicado en el periódico. Estoy muy

interesado en pasar el mes de agosto en Madrid con mi mujer y mis dos hijos adolescentes (15 y 13 años). ¿Podrían darme la dirección exacta del piso que ofrecen o decirme en qué zona se encuentra?
Nosotros, a cambio, les podemos ofrecer un piso de tres dormitorios en Lübeck, cerca del Mar del Norte. Espero sus noticias.
Saludos cordiales,
Fernando Pérez

5 ¿Papel o pantalla?

1 a.
Lösungsvorschlag:
una hoja de papel: romper, cortar, guardar, mirar, pintar, prestar, archivar, copiar
un cuadro: romper, guardar, mirar, pintar, regalar, prestar, archivar, exponer, copiar
un huevo: romper, cortar, guardar, mirar, pintar, cocinar, comer, regalar, prestar, freír
un cedé: romper, guardar, regalar, prestar, escuchar, archivar, borrar, copiar

b.
Lösungsvorschlag:
una hoja de papel: dar / perder
un cuadro: comprar
un huevo: cocer
un cedé: grabar

2 a.
Lösungsvorschlag:
ficción: novela fantástica, novela clásica, novela de ciencia ficción, novela policíaca, cuento, antología poética, novela de aventuras, cómic, novela histórica, novela de amor, drama
no ficción: biografía, libro científico
otros libros: guía de viajes, libro de cocina, manual de inglés, enciclopedia, diccionario

b.
Freie Übung.

3
1. la entrada ilegal de turistas al parque.
2. afectan a la bioversidad del parque.
3. informes sobre la zona protegida.
4. se perderán especies de animales y plantas.

4
País: España
Dirección: Pedro Almodóvar
Guion: Pedro Almodóvar
Género: comedia
Actores: Carmen Maura, Lola Dueñas, Penélope Cruz, Yohana Cobo
Personajes: la abuela, sus dos hijas y la nieta
Fotografía: José Luis Alcaine
Música: Alberto Iglesias

5 a.
2. La novela "Cien años de soledad" del colombiano Gabriel García Márquez **es traducida** a 35 idiomas.
3. El Premio Nobel de Literatura de la Academia sueca **es entregado** en 2010 a Mario Vargas Llosa.
4. La novela "Como agua para chocolate" de la mexicana Laura Esquivel **es llevada** a la pantalla en 1992.
5. El trabajo literario de Isabel Allende **es reconocido** en 2010 con el Premio Nacional de Literatura en Chile.
6. Las obras completas del escritor argentino Jorge Luis Borges **son anunciadas** para septiembre.
7. El libro "Espejos" del uruguayo Eduardo Galeano **es publicado** en 2008 en la editorial Siglo XXI.
8. La editorial de poesía Carpe Diem **es fundada** por Marita Troiano en 2007 en Perú.

b.
1. se publica, 2. se traduce, 3. se entrega, 4. se lleva, 5. se reconoce, 6. se anuncian, 7. se publica, 8. se funda

6

2. La Gran Vía **fue usada** por Alejandro Amenábar para la película "Abre los ojos".
3. Una escena de "El día de la bestia" **fue filmada** por Álex de la Iglesia en el Edificio Carrión de la Gran Vía.
4. Las escenas inolvidables de "Noviembre" **fueron creadas** por Achero Mañas en la calle Preciados.
5. La película "Princesas" **fue filmada** por Fernando de Aranoa en el barrio de Malasaña.
6. La atmósfera del siglo XVIII **ha sido lograda** crear por Milos Forman en el parque del Retiro para "Los fantasmas de Goya".
7. Las "Historias del Kronen" **fueron presentadas** por Montxo Armendáriz en el paseo de la Castellana.
8. La vida en los barrios de Madrid **ha sido reproducida** por Almodóvar en la película "Volver".

7

2. Serán, 3. Trabajarán, 4. vivirán, 5. estarán, 6. será, 7. Tendrán, 8. Volverán

8 **a.**

Lösungsvorschlag:

1. Diga. / Dígame.
2. ¿De parte de quién?
3. ¿Puedo hablar con…?
4. Ahora mismo le paso.
5. En este momento no está.
6. ¿Quiere dejar un recado?
7. De acuerdo. Ya he tomado nota.
8. Lo siento, se ha equivocado de número.

b.

Lösungsvorschlag:

¿Dígame?
¿De parte de quién?
¿Quiere dejarle un recado?
Ya he tomado nota.

9

- Marcelino Soto
- española
- Fráncfort
- debajo de un puente del río Meno
- Cornelia Weber-Tejedor
- alemana y española

10

Lösungsvorschlag:

- ● en primer lugar, en segundo lugar, por último
- ○ sin embargo, mientras que
- ▪ no solo, sino, Pero
- ● además, en cambio

11

1. habré conocido
2. me habré casado
3. habré terminado
4. habré formado
5. habré ganado
6. habré realizado

12

Esperará en el cine.
Habrá olvidado la cita.
Estará enamorado de otra.
Tendrá / Habrá tenido una avería de coche.
Tendrá mucho trabajo.
Se habrá equivocado de día.

13

Lösungsvorschlag:

Llamada telefónica de José Pérez
Para el Sr. Ramos
Ha olvidado unos formularios en su oficina y pregunta si puede llevárselos cuando pase por su empresa, porque los necesita con urgencia.
Ha preguntado si necesita los catálogos que le dio la semana pasada. Dice que se los ha pasado a un cliente y si los necesita, los recoge de la casa del cliente.

14 **b.**

vienes, mediodía, a ver, si no, hecho, tan bien

Portfolio

Lösungsvorschlag:
- Es una novela romántica. Es una película de amor.
- Es una obra que trata de la vida de tres mujeres. Penélope Cruz es la protagonista de la película.
- En primer lugar es muy barato, en segundo lugar es muy informativo y por último es muy interesante.
- No solo es muy práctico sino también útil en los viajes.
- Por una parte las entradas de teatro son muy caras, pero por otra la obra es muy buena.
- Creo que el sábado puedo ir al cine. Probablemente no tengo que trabajar.
- En 10 años habré terminado los estudios y habré empezado a trabajar.

- Publicaron la novela en mayo. – La novela fue publicada en mayo.
- Construyeron la casa en 2010. – La casa se construyó en 2010.
- He cerrado la puerta. – Ahora la puerta está cerrada.
- Terminaré mi trabajo a las cinco. – A las seis ya habré terminado mi trabajo.

6 Con gusto y sabor

1

Freie Übung.

2

1. "Sobre gustos no hay nada escrito."
2. "No se oye ni una mosca."
3. "Estoy hasta las narices."
4. "Por un oído le entra y por otro le sale."
5. "Soy todo/-a oídos."
6. "El amor es ciego."
7. "Lo conozco de vista."
8. "Se me hace la boca agua."

3

1. huele, blanda, sabor, dulce, probarla
2. ruido, oyes, suena, olor

4

1. para el que (tortilla)
2. con la que (café)
3. que (gazpacho)
4. con el que (servilleta)
5. sin el que (azúcar)
6. en el que (taza)

Lösungsvorschlag:

7. Una bebida con la que brindamos. (cava)
8. Un objeto con el que comes la sopa. (cuchara)

5 a. und b.

1. para (–), 2. por (+), 3. por (–), 4. para (+), 5. por (+), 6. para (+), 7. para (–), 8. para (+), 9. para (+), 10. por (–)

6

Lösungsvorschlag:
1. Una botella de cava.
2. Unos cedés.
3. Unas copas de plástico.
4. Una cámara de fotos.
5. Una ensalada.
6. Un buen vino. / Un paquete de aspirinas.
7. Un juego. / Unos libros.
8. Un karaoke.

7

Lösungsvorschlag:
Como tengo reproductor de mp3, bajo música de internet.
No tengo reproductor de mp3, por eso escucho la radio.
Voy a clases para aprender a tocar el acordeón.
No me gusta la música tecno, así que no voy a discotecas.
Toco en un grupo, pero tengo mala voz.
Como me gusta cantar, canto en un coro.

Me relajo escuchando música, por eso tengo muchos cedés.

8

Freie Übung.

9

Lösungsvorschlag:
- amargo (aceitunas)
- ácido (yogur natural)
- dulce (tarta)
- picante (cebolla)

10

La ensalada griega es una especialidad en la que se ponen queso y aceitunas.
La tortilla francesa es un plato que lleva solo huevos.
La paella valenciana es una especialidad en la que se pone verdura y carne.
La crema catalana es una especialidad que lleva leche, huevo y azúcar.
El cocido madrileño es un plato en el que se ponen carne y chorizo.
El arroz a la cubana es una especialidad que lleva plátano frito.

11 **a.**

1. calentar, 2. freír, 3. asar, 4. cortar, 5. cocer, 6. pelar, 7. batir, 8. lavar

b.

Lösungsvorschlag:
- La carne se puede freír, asar o cocer. También se puede cortar y calentar.
- Las manzanas se pueden lavar, pelar y cortar. A veces también se cuecen o asan.
- Los huevos se pueden batir. También se pueden cocer o freír. Cuando están duros / cocidos se pueden pelar y cortar.
- La leche se puede calentar o cocer.

12

Se cortan, Se pone, se fríe, Se añade, Se sirve

13 **a.**

1. queso, 2. café, 3. cerveza

b.

1. Se convirtieron en su principal campo de trabajo.
2. Se hizo cocinera profesional.
3. Ha llegado a ser la catadora de aceite más famosa de España.
4. El aceite no mejora con el tiempo.

14

groß werden = crecer
dick werden = engordar
berühmt werden = hacerse famoso/-a
krank werden = ponerse enfermo/-a
18 Jahre alt werden = cumplir 18 años
verrückt werden = volverse loco/-a
müde werden = cansarse
nervös werden = ponerse nervioso/-a

15

- Ikea es una empresa sueca que se dedica a la producción y venta de muebles.
- Nestlé es una empresa suiza que fabrica productos de alimentación.
- Apple es una empresa estadounidense que produce y vende ordenadores, teléfonos móviles, iPods, iPads.
- Sony es una empresa japonesa que se dedica a producir aparatos electrónicos.
- BMW es una empresa alemana que fabrica coches y motocicletas.
- Schweppes es una empresa inglesa que fabrica y vende bebidas.
- Nokia es una empresa finlandesa que produce teléfonos móviles.
- Zara es una empresa española que fabrica y vende ropa y zapatos.
- L'Oréal es una empresa francesa que fabrica productos de belleza.

16 **b.**

1. O**y**es, constru**y**endo, proh**í**ben
2. env**í**e, contin**ú**a, le**yó**

Portfolio

Lösungsvorschlag:

- el gusto, el tacto, el oído, la vista, el olfato. Este perfume huele bien.
- La llave es un objeto de metal con el que abrimos puertas.
- He llegado tarde porque llueve. Como llueve, he llegado tarde.
- Esta música me encanta. ¿Puedo subir el volumen?
- La comida peruana me parece deliciosa.

- oír: yo oigo, tú oyes, él / ella / usted oye, nosotros/-as oímos, vosotros/-as oís, ellos / ellas / ustedes oyen.
- oler: yo huelo, tú hueles, él / ella / usted huele, nosotros/-as olemos, vosotros/-as oléis, ellos / ellas / ustedes huelen.
- El cuchillo es un ojeto con el que se puede cortar carne.
- Te invito a este restaurante para que celebremos mi cumpleaños.
- Hay que cortar la cebolla. - Se tiene que cortar cebolla.

7 De todo corazón

1

1. es, tiene, 2. estás, estoy, 3. está, lleva,
4. estás, estado, soy, estado,
5. llevas, tengo, llevo, 6. está, es

2

Lösungsvorschlag:

Se busca a una mujer joven que tiene entre 25 y 30 años. Es morena, tiene el pelo negro, bastante largo y liso. Es alta y delgada, elegante y muy guapa.
Lleva vaqueros, una blusa azul y pendientes de plata. Lleva un bolso y dentro la pistola. Es una mujer que habla mucho, tiene una sonrisa contagiosa, pero es peligrosa. No lleva gafas.

3

- Adriana, 25 años, abierta, ojos grandes marrones y piel morena, estresada
- Ana, 24 años, muy habladora, ojos azules y pelo castaño, contenta
- Josefa, 29 años, excéntrica, ojos verdes y pelo negro rizado, contenta

4

- es, es, son
- es, Es, está, es
- están, estaba, está
- es, están, es, sido, es

5

Lösungsvorschlag:

1. me pongo (muy) nervioso/-a.
2. estoy enfadado/-a y deprimido/-a.
3. estoy de buen humor.
4. me pongo contento/-a y estoy de buen humor.
5. estoy triste.
6. estoy deprimido/-a y triste.
7. estoy agradecido/-a.
8. estoy melancólico/-a y un poco deprimido/-a.
9. me pongo nervioso/-a y estoy deprimido/-a.

6

Lösungsvorschlag:

No me llevo bien con mi hermano/-a.
Me cae bien la familia de mi pareja.
No soporto a la portera.
Me molestan mis compañeros de trabajo.
Tengo una buena relación con mis amigos de la infancia.
Nos entendemos bien mi padre y yo.
Estoy enamorado de mi vecina.
Somos buenos amigos todos en el edificio.

7

1. entendemos / llevamos, 2. cae, soporto,
3. entendemos / llevamos, 4. soportan,
5. molestan

8
1. apoyen, 2. conozco, 3. tenga, 4. sean, 5. tiene, 6. veo, son, 7. vivan, 8. digan

9
1 b, 2 a, 3 b, 4 a, 5 a, 6 b, 7 a, 8 b

10
Anabel: quiera, recorrer
Emilio: ir / viajar, interese
Víctor: ir / viajar, tenga, pueda
Cora: pasar, recomiende
Alfonso: viva, dé
Mabel: alquile

11
- ayuda, comprensión, consejo, envidia
- reír, sentir, imitar, respetar
- tolerancia, cariño, respeto, tristeza
- alegre, verdadero, paciente, melancólico

12 **a.**
1. Canelo era el perro…
2. Una vez por semana…
3. En una de esas visitas…
4. La historia de Canelo…

b.
correcto: 1, 2, 5

3. Una asociación le encontró varias veces una nueva familia, pero nunca se quedó con ella.
4. Después de doce años, Canelo murió atropellado por un coche delante del hospital.

13
Lösungsvorschlag:
Tiene que ser alguien que tenga experiencia y esté bien informado de los productos y de las estrategias de venta.
Es importante que hable inglés y francés.
Es necesario que se averigüe si alguien en Valencia cumple con los requisitos.
Conviene que el director sepa el nombre de la persona antes de fin de mes.

14 **b.**
bentana, playa, kaβayo, koθinar,
gia, guarðia, xueθ, letʃuɣa

c.
garaje, ciudad, calle, hijo,
chica, uña, joven, ayer

Portfolio
Lösungsvorschlag:
- Soy moreno, tengo los ojos negros y el pelo largo y rizado.
- Mi madre es abierta y simpática y mi padre es inteligente y tiene una sonrisa contagiosa.
- Hoy estoy enfadado y de mal humor.
- Me llevo bien con mi jefe. Mis colegas me caen bien también.
- Cuando tengo éxito en el trabajo, me pongo muy contento.
- Cuando me regalan algo, me pongo contento y siento alegría.
- En la amistad es fundamental el respeto y la confianza. Los amigos te ofrecen apoyo y comprensión.

- Es alto, es inteligente, está enfermo, está de buen humor.
- Vivo en una casa que tiene balcón. Busco una casa que tenga terraza y jardín.

8 Mirador

1
1. para, 2. de las que, 3. sean, 4. perdieron, 5. encontraron, 6. estaban, 7. se hicieron, 8. antes, 9. puso, 10. habré

2
1. (–), 2. (–), 3. (+), 4. (–), 5. (+)

3
1 d, 2 c, 3 e, 4 f

4
Lösungsvorschlag:
Querida Marina:
¡Qué sorpresa, que vienes a Berlín! Por supuesto que tengo muchas ganas de verte. Yo vivo en Wittenberg, una ciudad que está a una hora de Berlín en tren. Me encantará que pases un fin de semana en mi casa. Por favor, recuerda que en agosto en Alemania puede haber días fríos y de lluvia también, así que no traigas solo ropa de verano.
¿Sabes? He empezado a cantar en un coro y me encanta. Vamos a ir a cantar a Italia el mes próximo. Para el verano todavía no tengo planes, me gustaría pasar unas semanas en casa, simplemente descansando. ¡Tengo muchísimas ganas de verte! ¡Hasta pronto!
Un beso, Ariane

9 Grandes momentos

1 **a.**
Lösungsvorschlag:
cumpleaños: ¡Feliz cumpleaños! / ¡Que cumplas muchos más!
comunión: ¡Felicidades!
bodas de oro / plata: ¡Que dure para siempre!
bautizo: ¡Felicidades! ¡Enhorabuena!

b.
La tercera.

2
Lösungsvorschlag:
- En una boda se suele echar arroz.
- En un bautizo es costumbre regalar algo de oro.
- En una comunión es usual ir a la iglesia.
- En una despedida de soltero/-a solemos beber mucho.
- En un cumpleaños es usual soplar velas.
- En un aniversario es costumbre regalar flores.
- En el día del santo solemos invitar a la familia.
- En una jubilación es costumbre regalar flores / brindar.
- En las bodas de plata / oro solemos ponernos ropa elegante.

3
Lösungsvorschlag:
1. **antes de la fiesta:** decorar el salón, elegir el vestido, mirarse en el espejo, maquillarse, enviar invitaciones, contratar a un fotógrafo, (preparar el menú, organizar un catering).
2. **durante la fiesta:** soplar las velas, tomar un aperitivo, controlar el peinado, divertirse, bailar, ir a la misa, tomar una copa de champán, (brindar, hablar con los invitados).
3. **después de la fiesta:** enviar fotos de recuerdo, pagar las facturas, escribir tarjetas de agradecimiento, (limpiar, dormir).

4
Lösungsvorschlag:
Queridos Bárbara y Clemente:
Muchas gracias por la invitación a la fiesta de quince años de Diana. ¡Cómo pasa el tiempo! Si me parece que fue ayer cuando la bautizasteis. Por desgracia no voy a poder estar con vosotros, porque ese fin de semana viajo a ver a mi madre (ya sabéis que no está bien de salud), pero os deseo lo mejor y por supuesto, os envío un regalito para Diana. Espero que me enviéis fotos.
Un abrazo, Anita

5

1. Cuando termine los estudios, pasaré un año en Latinoamérica. Cuando pase un año en Latinoamérica, hablaré muy bien español. Cuando hable muy bien español, encontraré un buen trabajo.
2. Cuando tenga dinero, compraré un piso. Cuando compre un piso, pondré un baño con jacuzzi. Cuando ponga un baño con jacuzzi, me relajaré todas las noches. Cuando me relaje todas las noches, dormiré mejor.
3. Cuando haga buen tiempo, iré a la playa. Cuando vaya a la playa, tomaré el sol. Cuando tome el sol, tendré un buen color. Cuando tenga un buen color, estaré mucho más guapo/-a. Cuando esté más guapo/-a, encontraré pareja.

6

1. als, 2. wenn, 3. sobald, 4. während, 5. solange, 6. obwohl, 7. selbst wenn

7

1. Mientras no vayamos de cámping, lo aceptaré todo.
2. Te llamaré cuando esté en el hotel.
3. Dormiremos en ese hotel, aunque tengamos que cambiar la fecha.

8

1. (–), 2. (+), 3. (–), 4. (+), 5. (+)

Se trata de la Nochevieja.

9

Lösungsvorschlag:

1. Mientras estudio español, escucho música.
2. Cuando iba al colegio, tomaba el autobús todos los días.
3. Cuando empecé a trabajar, ganaba muy poco.
4. Aunque alguna vez tenga mucho dinero, nunca me compraré un coche tan caro.
5. Aunque soy alemán, tengo el pelo moreno y los ojos marrones.
6. Cuando me vaya de vacaciones, olvidaré el estrés de las últimas semanas.
7. Mientras pueda pagármelo, viviré en el centro.
8. Cuando me levanto por la mañana, bebo un vaso grande de agua.

10 **a.**

1. La que quieras. 2. Al que quieras. 3. Los que quieras. 4. Como quieras. 5. En el que quieras. 6. Cuando quieras.

b.

Lösungsvorschlag:

1. ¿Qué preparo para cenar?
2. ¿Vamos a pie o en metro?
3. ¿Nos vemos en tu casa o en la mía?
4. ¿Compro manzanas verdes o rojas?
5. ¿Cuál de los dos vestidos me pongo?
6. ¿Cuándo vamos al museo?

11

1. rubio, 2. fea, 3. delgados, 4. largos, 5. pequeños, 6. rizado, 7. ancha

Solución: belleza

12 **a.**

Sí.

b.

Lösungsvorschlag:

Se trata de un artículo publicado en el periódico El País.
El texto habla sobre un estudio realizado en la Universidad de California.
Según el texto, los investigadores descubrieron que la gente atractiva gana más dinero que los menos guapos.
El autor dice que la gente en general colabora más con los más guapos.
En su opinión, la gente atractiva es, en general, menos egoísta.

Finalmente (se) concluye que el lugar de trabajo puede convertirse en un concurso de belleza.

13

Lösungsvorschlag:

1. Soy de la misma opinión.
2. No estoy de acuerdo.
3. No soy de esa opinión.
4. Pienso lo mismo.
5. Estoy de acuerdo.
6. En absoluto.

14

1. sino, 2. sino, 3. pero, 4. sino, 5. pero, 6. sino

15

empresa, producto, objetivo, preparación, invitados, confirmación, reserva, grupo, regalos, contacto

16 b.

pla-cer, man-za-na, te-rra-za, ma-qui-lla-je, tris-te-za, se-gu-ro, trans-por-tar, pa-dre, es-cu-char, sor-pre-sa, pre-su-pues-to, cum-ple-a-ños

Portfolio

Lösungsvorschlag:

- ¡Felicidades! ¡Que seas muy feliz! ¡Ojalá tengas suerte!
- En mi familia es usual celebrar el día del santo.
- ¿Ver la película en español? – Me parece una buena idea.
- ¿Dónde cenamos? – Donde quieras. ¿Qué pedimos? – Lo que quieras.
- Tengo los ojos azules, el pelo moreno y corto.
- Se trata de un artículo de opinión. El texto habla de los problemas económicos actuales.
- (No) estoy de acuerdo. (No) soy de la misma opinión.
- Cuando salgo con mis amigos, nunca bebo alcohol. Cuando salga el viernes con Marta, iremos al cine.
- En una boda se suele echar arroz.
- No me llamo Javier, sino Jaime. No conozco Chile, pero me gustaría ir.

10 Mundos en contacto

1

Perú

- capital
- idiomas / lenguas oficiales
- forma de gobierno / forma de Estado
- superficie
- población / número de habitantes
- clima
- moneda
- religión

2 a.

1. tropical, 2. seco, 3. lluvioso, 4. suave, 5. desértico

b.

Lösungsvorschlag:

polar: Es un clima que está cerca del polo y en el que las temperaturas son muy bajas.

3

- Habrá niebla.
- Hará sol y habrá algunas nubes.
- Lloverá.
- Estará nublado.

4

1. haya perdido, 2. llame, 3. se haya olvidado, 4. llegue, 5. me haya equivocado, 6. esté, 7. haya terminado, 8. podamos

5

3. Posiblemente se haya estropeado. ¿Se habrá estropeado?

4. Tal vez me hayan robado. ¿Me habrán robado?
5. Probablemente haya atasco. ¿Habrá atasco?
6. Posiblemente se haya acabado la batería del móvil. ¿Se habrá acabado la batería del móvil?

6

1. … el precio de los vuelos bajará / va a bajar.
2. … Antonio haya reservado ya los vuelos.
3. … Luciano haya comprado una guía de viajes.
4. … Juan les ha dicho a sus padres que sale de viaje.
5. … Raquel traiga a su nuevo novio.
6. … Anselmo haya cambiado su reserva.
7. … las excursiones son tan caras.
8. … los Álvarez sepan dónde se come bien.

7 **a.**

empezar la presentación: primeramente, para empezar, en primer lugar
añadir información: en cuanto a, además, respecto a, también
contrastar datos: por el contrario, sin embargo
expresar causa o consecuencia: así que, en consecuencia, por esto, esto se debe a
aclarar o reformular: en otras palabras, es decir, mejor dicho, o sea, por ejemplo, en resumen
terminar: para terminar, por último, finalmente, en resumen

b.
Lösungsvorschlag:
Señoras y señores, **para empezar / en primer lugar** me gustaría dar las gracias a los organizadores por haberme invitado. Llevo muchos años investigando, **sin embargo** me resulta difícil resumir todo lo que me gustaría decir en solo media hora. **En consecuencia / Así que** voy a intentar presentarles una panorámica.

La presentación de hoy tendrá tres partes: **en primer lugar / primeramente** haré una introducción histórica, **también / además** hablaré de los problemas concretos y **finalmente / por último** presentaré algunas soluciones.

Para empezar voy a mencionar algunos problemas que hemos conseguido solucionar: el número de alumnos que tienen problemas con el inglés ha bajado, **por el contrario / sin embargo** los resultados en matemáticas no han cambiado mucho.

Normalmente las ONG seleccionan a colaboradores con experiencia, **es decir / en otras palabras** necesitan gente que conozca bien los problemas. **Por el contrario / Sin embargo** nuestra organización acepta también colaboradores sin experiencia, **así que / por esto** los preparamos en un curso de tres meses.

Con esto termino. Les agradezco su atención. **También** espero que hayan disfrutado de la presentación **y finalmente** les invito a que preparen las preguntas, que responderé después de la pausa.

c.
Lösungsvorschlag:
1. … cada vez hay más colegios privados.
2. … pocos se atreven dejarlo.
3. … los niños pueden aprender a manejarlos en casa.
4. … consumen menos energía.

8

alemañol	alemán	español
chatz	Schatz	cariño
estrasenban	Straßen-bahn	tranvía
parqueo	Parkplatz	aparcamiento
handy	Handy	móvil
termín	Termin	cita
meldestele	Meldestelle	oficina de registro
laptop	Laptop	portátil
clausur	Klausur	examen
eins	Eins	diez *(Note)*
chus	tschüss	adiós
grilear	grillen	hacer una barbacoa

9 **a.**
1 b, 2 a, 3 a

b.
- Jimena preguntó si **estaban** seguros de que Esperanza no **sabía** nada.
- Olivia dijo que **había hablado** con ella por la mañana y que **creía** que no **tenía** ni idea.
- Cristián dijo que si **hablaba** con Martina, **se enteraría**.
- Alejandro dijo que el día anterior (Martina) **había hablado** con ella y que no le **había dicho** nada.
- Ignacio dijo que **estaba** seguro de que la sorpresa **resultaría** bien.
- Julio dijo que eso **esperaba** él también.

10
Lucía: "He cambiado. Nunca más te diré mentiras. Quiero volver a intentarlo. Si tú me lo pides, no lo haré más. No se las volveré a enseñar a mis amigas."

11
1. Pedro Ruiz dijo que lo bueno del cine **era** que durante dos horas los problemas **eran** de otros.
2. Magdalena Martínez dijo que la música **era** el arte más directo, que **entraba** por el oído e **iba** al corazón.
3. José Narosky dijo que quien **cambiaba** felicidad por dinero, no **podría** cambiar dinero por felicidad.
4. Mario Benedetti dijo que cuando **creíamos** que **teníamos** todas las respuestas, de pronto **cambiaron** todas las preguntas.
5. Amado Nervo dijo que **había vivido** porque **había soñado** mucho.
6. Groucho Marx dijo que nunca **olvidaba** una cara, pero que con la suya **iba** a hacer una excepción.
7. Jorge Luis Borges dijo que al cabo de los años **había observado** que la belleza, como la felicidad, **era** frecuente.

12
1. el proyector, 2. el rotafolio, 3. el portátil, 4. el micrófono, 5. la pantalla, 6. los rotuladores, 7. la llave USB, 8. la pizarra electrónica

13 **b.**
wifi, váter, diesel, muesli, jacuzzi, Ipad

Portfolio
Lösungsvorschlag:
- Alemania tiene una población de 80 millones de habitantes.
- En el norte hay costa, en el sur, montañas.
- En la costa el clima es húmedo y en el interior muy seco.
- Buenas tardes. Quería darles la bienvenida a la conferencia.
- Primero hablaré de los problemas, en segundo lugar pondré ejemplos y finalmente resumiré la situación.

- Espero que hayan disfrutado de la presentación. Muchas gracias por su atención.

- llegar: que yo haya llegado, que tú hayas llegado, que él / ella / usted haya llegado, que nosotros/-as hayamos llegado, que vosotros/-as hayáis llegado, que ellos / ellas / ustedes hayan llegado.
- No creo que mi amigo haya perdido el tren.
- Javier: "Este verano iré a Cuba." – Javier dijo que este verano iría a Cuba.

11 Solidarios

1

1. el paro, 2. la violencia, 3. la inflación,
4. la corrupción, 5. el terrorismo,
6. la discriminación

7. la contaminación: Destrucción que sufre el medio ambiente por las sustancias tóxicas que recibe.
8. la manifestación: Reunión pública de gente que desfila para dar su opinión o reivindicar algo.

2 b.

1 c, 2 b, 3 d, 4 a, 5 g, 6 e, 7 f, 8 h

3

6, 4, 2, 1, 5, 3

4

infinitivo	indefinido: ustedes	imperfecto de subj.: yo
dar	dieron	diera
poder	pudieron	pudiera
ser / ir	fueron	fuera
estar	estuvieron	estuviera
existir	existieron	existiera
venir	vinieron	viniera
tener	tuvieron	tuviera

5

1. recibiéramos, 2. tuvieran, 3. hubiera,
4. fuéramos, 5. hiciéramos, 6. entendieran

6

1 e, 2 a, 3 h, 4 f, 5 c, 6 d, 7 g, 8 b

7

Si tuviera más tiempo, aprendería a tocar el violín. Si tocara el violín, practicaría muchas horas. Si practicara muchas horas, los vecinos se quejarían. Si los vecinos se quejaran, me mudaría de casa al campo. Si me mudara al campo, volvería a practicar violín muchas horas. Si volviera a practicar violín, me sentiría muy feliz.

Si estuviera cansado/-a de la rutina, dejaría el trabajo. Si dejara el trabajo, viajaría por el mundo. Si viajara por el mundo, conocería mucha gente. Si conociera mucha gente, se convertiría en rutina. Si se convirtiera en rutina, volvería al trabajo. Si volviera al trabajo, estaría contento/-a con el trabajo.

8 a.

Lösungsvorschlag:

1. … si encontrara un buen profesor.
2. … si ganara la lotería.
3. … si consiguiera vender la que tengo.
4. … si encontrara una persona con quien viajar.
5. … si estuviera muy enamorado/-a.

b.

1. Si me invitaran a una boda real, …
2. Si me regalaran un DVD con una película en español, …
3. Si un amigo tuviera una enfermedad grave, …
4. Si viera una película de Chaplin, …
5. Si escuchara ruidos extraños en mi casa durante la noche, …

9

1. tenga, pueda, 2. piensen, 3. sea,
4. tengan, 5. haya, 6. reflexione,
7. participen, 8. luche

Lösungsvorschlag:
¡Peligro! Banqueros haciendo negocios: 2
¡No privatizar nada! ¡Y menos la salud!: 3, 4
Sin trabajo, sin casa, sin futuro, sin miedo a luchar: 1, 7, 8
¡Reflexión pacífica! ¡No violencia!: 6, 8
Democracia real ¡Ya!: 5, 6, 7, 8

10

Lösungsvorschlag:

2. Esa gente tendría que exigir al gobierno la construcción de casas.
3. El derecho a una vivienda tendría que ser un derecho para todos.
4. Todas las familias (pobres) deberían conocer este plan de ayuda.
5. Harían falta más colaboradores para construir las casas.
6. La asociación tendría que ser más conocida en el país.
7. Haría falta más dinero para financiar más proyectos de vivienda.
8. El gobierno tendría que apoyar más este tipo de actividades.

11

1. corrupción, 2. consumidor, 3. empleado,
4. voluntario, 5. pantalla, 6. gobierno,
7. comportarse, 8. luchar

12 a.

Lösungsvorschlag:
Espero que la empresa me tome para el puesto que solicito.
Es una lástima que yo no tenga más experiencia.
Es fundamental que vean el interés que tengo en conseguir este puesto.
Me piden que trabaje algunos fines de semana.
Me molesta un poco que no me digan lo que voy a ganar por mes.
Espero que el equipo de trabajo sea simpático y me acepten en el grupo.

b.

Era una lástima que yo no tuviera más experiencia.
Era fundamental que vieran el interés que tenía en conseguir este puesto.
Me pedían que trabajara algunos fines de semana.
Me molestaba un poco que no me dijeran lo que iba a ganar por mes.
Esperaba que el equipo de trabajo fuera simpático y me aceptaran en el grupo.

13

Arbeitgeber: empleador
Arbeitnehmer/in: trabajador/a
Arbeitsvertrag: contrato de trabajo
Arbeitszeit: jornada de trabajo
Feiertag: festivo
Gehalt: sueldo
Gesundheitsversorgung: asistencia sanitaria
Gewerkschaft: sindicato
Mutterschutz: protección por maternidad
Ruhestand: jubilación
Ruhetage: descansos
Sozialversicherung: seguridad social
Urlaub: vacaciones

14 b. und c.

1. La peruana tiene una pronunciación suave y muy clara. Pronuncia la **c/z** como **s**.
2. El gallego baja la voz al final de las frases. Dice algunas palabras en gallego.
3. La catalana habla bastante rápido y dice algunas palabras en catalán.
4. La andaluza pronuncia la **c/z** como **s**, y a veces no pronuncia la **s** al final de la sílaba o palabra.
5. El argentino pronuncia la **ll/y** como **sch** y la **c/z** como **s**.

6. La madrileña pronuncia la última **d** de Madrid como **th** en inglés.

Portfolio

Lösungsvorschlag:

- El sindicato organiza una huelga contra el paro.
- La gente sale a la calle porque la situación política y económica del país es muy grave.
- Soy miembro de una organización que lucha contra la contaminación.
- Si usamos los transportes públicos, apoyamos al medio ambiente.
- Si fuéramos más solidarios, el mundo sería mejor.
- Los manifestantes exigen que los políticos no sean corruptos.
- Me molesta la falta de responsabilidad de los políticos. Me indigna que no hagan nada contra el paro.
- Todos deberíamos ser responsables. Habría que participar más en la política.

- dar: que yo dé; ser: que tú seas; venir: que usted venga.
- Tu amigo está haciendo como si no nos conociera.
- Si el libro te gusta, te lo regalo. Si no te gustara, lo podrías cambiar.
- Mis padres querían que yo fuera dentista.

12 Mirador

1 a.

1. las condiciones en las que creció.
2. utilizando su fama para que la fundación sea conocida.
3. a mejorar la educación en Colombia.
4. con lo que quiera o pueda.

b.

1 a, 2 c, 3 e, 4 b

c.

1 c, 2 a, 3 b, 4 d

2 a.

1. hayas descansado, 2. escribiera, 3. una ONG, 4. conseguimos, 5. conferencia, 6. podríamos, 7. interese, 8. agradeceríamos, 9. En cuanto, 10. digas

b.

1. desearía, 2. necesario, 3. motivos, 4. sino, 5. alojamiento, 6. compartí, 7. lamentablemente, 8. hablando, 9. estaría, 10. pudieran

3 a.

1. (+), 2. (–), 3. (+), 4. (+)

b.

1. (–), 2. (–), 3. (+), 4. (+), 5. (–)

c.

1. (–), 2. (–), 3. (+), 4. (+)

4

Lösungsvorschlag:

Queridos Amanda y Marcelo:
¡Qué noticias tan estupendas! ¡Muchas felicidades! Espero que seáis muy felices.
Por supuesto que estaré encantada de acompañaros ese día.
Respecto al alojamiento, ¿me recomendáis que reserve algún hotel en particular?
¿O sabéis dónde se van a quedar otros invitados? Si no os importa, asistiré acompañado de David, un chico con el que estoy saliendo desde hace unos meses.
Por cierto, ¿me podéis ayudar con el regalo? ¿Necesitáis algo en particular?
Espero vuestras sugerencias.
Un abrazo muy fuerte,
Elvira

5 a., b. und c.

Freie Übung.